ORAISON FUNÈBRE

DE

MONSIEUR LE COMTE JEAN-RENÉ

HARSCOUËT DE SAINT-GEORGE

PRONONCÉE A SON GRAND SERVICE, LE 5 FÉVRIER 1867

Par **M. l'Abbé JAFFRÉ**,

Recteur de Guidel,

(*Ancien Supérieur du Petit-Séminaire de Sainte-Anne.*)

VANNES

IMPRIMERIE DE L. GALLES, RUE DE LA PRÉFECTURE.

1867.

A MESSIEURS

PAUL ET ERNEST DE SAINT-GEORGE

HOMMAGE AFFECTUEUX.

J. JAFFRÉ,

Recteur de Guidel.

. . . .
. . . .

S'il suffisait de parler de Monsieur DE SAINT-GEORGE, de sa vie, si belle dans sa simplicité, pour être écouté favorablement, sa mémoire méritait mieux. La vénération qu'il m'avait inspirée, et que je n'ai ressentie que rarement au même degré, m'aurait fait souhaiter de lui rendre un hommage plus digne.

Enfin, tel quel, veuillez l'agréer, et croire, Messieurs, que les sentiments que j'avais pour le Père n'ont pas de peine à se reporter sur les Fils.

Votre dévoué Serviteur,

J. JAFFRÉ,
Rect.

Guidel, le 15 Février 67.

ORAISON FUNÈBRE

DE MONSIEUR LE COMTE

JEAN-RENÉ HARSCOUET DE SAINT-GEORGE.

> *Ætas senectutis vita immaculata.*
> La mesure de la vieillesse est une vie
> sans tache. S. IV. 9.

MESSIEURS,

Dans la Bible, où le même Dieu qui donne l'existence se charge de la juger, la durée et l'emploi de la vie sont presque toujours inséparables, et c'est l'emploi de la vie qui sert de mesure pour en déterminer la durée. Une vie inutile, quelque prolongée qu'elle ait été d'ailleurs, est réputée courte; parce que les années et les jours, en s'accumulant, n'ont fait qu'agrandir le vide de l'âme, en l'éloignant de Dieu. L'Esprit-Saint ne compte pour rien le temps qui ne renferme aucune œuvre d'éternité : par là même, une vie courte et bien remplie équivaut à une longue vieillesse. « *Consummatus in brevi explevit tempora multa.....* En peu de temps on peut vivre une longue vie..... » Les œuvres peuvent être si grandes, qu'elles auraient suffi à la plus longue carrière.

Mais si Dieu se presse parfois, s'il sème, s'il fait mûrir la semence, s'il emporte la moisson, s'il fait tout cela presque simultanément, n'ayant besoin, quand il veut, que d'un espace étroit pour accomplir un grand dessein, parfois aussi il prend plus d'espace, il étend son œuvre; il bénit encore comme il bénissait à l'origine du monde, et ces patriarches du foyer domestique, remplis d'années et de mérites, sont laissés parmi les générations nouvelles comme d'augustes témoins chargés de transmettre à l'avenir les leçons du passé..... ou, plutôt, comme un prolongement du passé, lui-même, dans l'avenir.

« *Il y a des vieillards en Israël*, ou, *il n'y a plus de vieillards en Israël,* étaient des locutions en usage chez le peuple de Dieu; elles exprimaient avec une rare énergie ses états divers : les temps heureux, ou mauvais de son histoire.

L'Église, plus féconde que la Synagogue, ne manquera jamais de vieillards; il y en aura toujours dans cette terre si chrétienne de Bretagne.

Messieurs, c'est parce qu'il y en a un de moins, le plus vénérable et le plus respecté, que le pays s'est ému, que le deuil d'une famille est devenu un deuil public, et que la Bretagne tout entière, ici représentée, a voulu rendre un dernier hommage à la vie sans tache, dans sa longue durée, de Messire Jean-René HARSCOUËT, Comte DE SAINT-GEORGE.

Né en 1781, d'une ancienne noblesse bretonne, le jeune comte de Saint-George, lorsque la révolution éclata, arrivait à l'un des âges les plus décisifs de la vie; à un âge où, hors d'état de prendre part aux évènements, il était déjà capable de les comprendre et d'en ressentir les terribles contre-coups. Il avait douze ans en 93.

Vers douze ans, la vie personnelle s'accentue davantage. Commencée dans le sein de la famille et sous ses bénignes influences, un peu confondue dans la vie commune, c'est à ce moment qu'elle s'en dégage, que, sans se séparer, elle prend sa place à part et qu'elle se montre avec ce caractère distinctif qui pourra se modifier, mais qu'elle ne perdra jamais entièrement. Vers cette époque encore s'ouvre, devant l'enfant, une nouvelle société, un nouveau monde, où il rencontre des influences qu'il n'avait pas soupçonnées, des obstacles et des dangers inconnus dans la maison paternelle. Mais, d'ordinaire, ce n'est pas une rencontre brusque, subite, effrayante : la rencontre n'est pas un choc. Ce qu'il trouvait sous le toit de son père et de sa mère, il le trouve au dehors; il ne quitte sa famille que pour entrer dans une famille plus grande qui a le même culte, des traditions semblables, où toutes les grandes choses sont l'objet d'un respect égal.....

Messieurs, ce n'est pas ainsi que se passèrent l'enfance et les années de la première jeunesse du comte de Saint-George. Devant lui se dressait une société inouie, inconnue dans l'histoire, monstrueuse, qui parlait un langage qu'il n'avait pas appris et dont les excès venaient l'effrayer jusque dans le paisible asile de sa famille....., ou, plutôt, il n'y avait plus d'asile, plus de clôture sacrée, plus d'enceinte inviolable. Trône, autel, foyer domestique, avaient disparu dans la ruine commune ! La famille de Saint-George fut atteinte comme tant d'autres, ses biens furent vendus. Nous trouvons son chef, successivement, dans l'armée des Princes et à Quibéron, où il n'échappa que par miracle à la mort. Nous avons peine à nous figurer ce que devint le jeune de Saint-George dans ce grand naufrage, et ce qu'il eut à souffrir !

Voilà, Messieurs, la rude école à laquelle il s'est formé : c'est de là qu'il est sorti tel que nous l'avons connu ; avec ce caractère où tant de grandeur se mêlait à tant de simplicité, ce cœur si haut et si bon, cette âme noble, délicate, réservée, et qui n'imposait aux autres que le respect qu'elle avait pour elle-même. Dans ce monde en feu, le résultat ne se faisait pas attendre ; dans cette atmosphère embrasée, il fallait mûrir vite pour le bien comme pour le mal : une heure faisait un héros, faisait un saint ; une heure faisait un monstre. Tous ceux qui sont sortis de cette fournaise en ont gardé la trace et sont faciles à reconnaître. Le comte de Saint-George avait la marque : ce n'était pas en vain qu'il avait reçu les vieilles traditions au moment où ses pairs mouraient pour elles, et qu'il les avaient ramassées parmi les ruines de son ordre. Quand on les a reçues dans de telles conditions, on a aussi une manière de les garder qui n'est pas à tout le monde.

Du reste, son respect pour le passé ne l'empêchait pas d'être de son temps, de s'en préoccuper, d'en connaître à fond les hommes et les choses. Appliqué à l'étude dès sa plus tendre enfance, toute sa vie fut consacrée au travail. L'oisiveté lui eût paru un opprobre. D'une intelligence naturellement droite et élevée, il l'avait agrandie par cette culture assidue, et, sans ambition d'entrer dans la vie publique, il était en état d'y figurer avec honneur, si jamais le pays faisait appel à son dévouement. Il comprenait qu'il y a des noms et des positions qui obligent, que de grands devoirs y sont attachés, et que l'incapacité de les accomplir est une vraie déchéance.

Il prit part aux affaires de son pays dans trois circonstances mémorables : en 1827, lorque la Restauration était déjà menacée de tout côté ; en 1830, au moment de la catastrophe ; en 1848, entre deux révolutions. Député, représentant du peuple, il ne change pas au milieu de ces crises effroyables; c'est partout le même homme, la même loyauté, le même désintéressement, la même indulgence pour les hommes, la même inflexibilité sur les principes. En 1830, fidèle au pays qui l'avait envoyé et à son roi légitime, il se sépare avec éclat de collègues qui, pour empêcher la France de tomber dans la démagogie, avaient imaginé de trahir leur mandat. Les épreuves de 1848 furent plus terribles, sans le faire fléchir. Ni l'âge n'avait abattu son courage, ni sa longue expérience des révolutions ne lui avait fait désespérer de son pays; et, quand il fallut le sauver, il fut intrépide à l'égal des plus jeunes. L'austère vieillard suffisait à tous les devoirs; à ses devoirs de père, comme à ses devoirs de Français : passant ses nuits près du volontaire tombé sur les barricades de juin en défendant l'ordre, et consacrant ses jours à d'autres douleurs, à d'autres alarmes.

Quoiqu'il n'ait fait que traverser la vie publique, il y fut remarqué. Ses qualités, aussi rares que modestes, faisaient une profonde impression. Cette dignité simple, qui ne se démentait jamais, inspirait le respect. *Sa loyauté, comme celle de cet ancien, était si connue, que l'on eût regardé comme un déshonneur de douter de sa parole !* Comme les charges qu'il a remplies n'ont pu rien ajouter à la considération dont il jouissait, il a pu les quitter sans en rien perdre. Son influence était attachée à sa personne; elle descendait toute entière, avec lui, dans la vie privée, où il n'était pas en son pouvoir de la contenir. On allait au devant d'elle, on la provoquait; on sentait qu'il manquait quelque chose à une œuvre qui n'avait pas son approbation, et Dieu seul a connu l'étendue de cette haute magistrature morale que lui avait créée le respect de tous.

Sauf ces rares intervalles, toute sa longue carrière appartient à la vie de famille : elle s'est écoulée dans ce beau domaine de Keronic, qu'il aimait comme son œuvre, qu'il a fécondé; où, par un travail de soixante ans, il a fait sortir de terrres nues et stériles, les bois magnifiques qui lui ont donné son ombre; où il a voulu asseoir, en un mot, sa vie, son nom et sa race.

Nous voici, Messieurs, en présence du père de famille tel qu'il existait dans le principe, tel que le christianisme l'a refait ; dont Jésus-Christ a élargi le cœur en le bénissant, qui, fidèle à cette onction meilleure, s'oublie, dans ses graves pensées, pour ne songer qu'à sa postérité, et médite de lui donner une durée qui égale son amour. Son premier instinct, un instinct aussi vieux que le monde, c'est de la porter loin des villes, au fond d'une campagne, et de l'y établir en lui créant un domaine qui soit digne d'elle. Il croit, et avec raison, que la terre où elles se fixent aide les familles à garder le souvenir des aïeux, à rester fidèles à leurs traditions, et que la stabilité de la demeure n'est pas étrangère à la stabilité de la race.

S'il est vrai que les vieilles croyances s'affaiblissent, et que les liens de famille se relachent, nul, par son exemple, ne protesta plus longtemps et plus énergiquement contre cette dissolution de la société domestique. Dans ses champs, parmi les siens, au milieu d'amis qui lui ont été fidèles jusqu'à la fin, il a mené la vie d'un ancien patriarche. Il en avait l'autorité, et l'on était ému de voir cette grande royauté paternelle devant laquelle s'inclinaient, sans distinction d'âge et dans un égal respect, trois ou quatre générations.

Messieurs, ce serait manquer à sa mémoire et à ce que vous attendez de moi, dans cette triste cérémonie, que de ne pas nommer sa digne compagne, Pauline-Josèphe CHRÉTIEN DE TRÉVENEUC, Dame DE SAINT-GEORGE; cette épouse, cette mère, cette chrétienne, trop tôt enlevée à l'amour des siens, et qui a laissé dans sa famille, dans cette paroisse, dans la mémoire de tous ceux qui l'ont connue, le souvenir impérissable de ses vertus, de ses œuvres. Non! la femme forte et chrétienne ne disparaît pas en entier. Son nom est une bénédiction dans la bouche de ses enfants; ses vertus sont leur meilleur héritage; ses prières leur valent mieux que sa présence, car, si elle a disparu, Dieu s'est mis à sa place. Sa gloire suit son époux...... Dieu seul connaît la part qui lui appartient dans la vie du comte DE SAINT-GEORGE; mais, à coup sûr, cette part est grande. On ne résiste pas aux influences d'une âme sainte et d'une âme d'élite : il faut subir ces deux puissances réunies. Ni l'homme, ni le chrétien n'y ont échappé; mais, c'est dans le chrétien qu'elles ont dû laisser les traces les plus profondes, les plus ineffaçables.

Le chrétien était en lui plus grand que l'homme, que le gentilhomme. Il savait que, par sa naissance suivant l'esprit, il était de plus haute lignée que par sa naissance suivant la chair. A mesure qu'il avançait dans sa belle et verte vieillesse, il le comprenait davantage : c'est pourquoi il est permis de le louer dans l'assemblée des saints, devant cet autel, en présence de son Dieu qui l'a jugé dans sa miséricorde et qui va s'immoler pour lui. Aussi bien, sa meilleure louange est dans ses œuvres, et cette louange sort de partout, parce que cette paroisse est pleine de ses œuvres.

Jésus-Christ était nu dans cette église à moitié renversée, il était nu dans un sacrifice dépouillé d'ornements; l'église a été restaurée, l'autel a reçu sa parure; Jésus-Christ a été vêtu. Jésus-Christ était nu, Jésus-Christ avait faim et soif, Jésus-

Christ souffrait dans les pauvres, qui sont ses membres, il souffrait dans l'enfance, *qui ne vit pas seulement de pain, mais de toute parole qui sort de la bouche de Dieu;* l'hospice, déjà fondé, a reçu de nouveaux secours; des écoles ont été ouvertes; les souffrances du Christ ont été soulagées.

Ses mains étaient pleines d'œuvres saintes; sa bouche, avare de paroles inutiles, était pleine de saintes paroles. Il aimait la prière. Elle se faisait en commun au château, et il a été fidèle, jusqu'à la fin, à cette vieille et touchante coutume que l'on trouvait autrefois dans toutes les familles chrétiennes. Il lui semblait qu'il manquait quelque chose à la famille quant tout y était commun, sauf la prière; que, fondée par Jésus-Christ, la communauté devait parler son langage, et que l'union de ses membres, leur concorde, n'étaient jamais plus assurées qu'alors qu'ils s'agenouillaient, ensemble, devant le même Dieu.

Sa foi était antique; il connaissait les mystères et les sources où sont cachés les trésors de la vie. Il n'était pas cruel envers son âme. Dans une vie irréprochable, aux yeux des hommes, il savait qu'il y a toujours des taches, aux yeux de Dieu. Il se purifiait dans le sang de l'agneau, de peur que la vie ne pérît en lui. Toute cette paroisse a été témoin de son recueillement et de sa piété, lorsque, dans les grandes solennités, il s'approchait de la sainte table. Convive fidèle, il aimait à s'asseoir parmi les petits et les humbles au banquet de son Dieu. Sa place n'était jamais vide à cette table mystique dressée parmi nous, à ce festin des élus où les joies éternelles s'essaient, déjà, sur la terre.

Le comte de Saint-George vieillissait lentement. Le chrétien soutenait l'homme, la jeunesse de l'âme semblait alléger, pour lui, le poids de ses longues années. Quand il fallut finir, toute la sainteté de sa vie se rencontra dans sa mort. Entouré de sa famille, tenant dans ses mains un crucifix bénit par Pie IX dont ses lèvres et ses regards ne pouvaient se détacher, calme, humble et patient jusqu'à la fin, c'est entre la passion de Jésus-Christ et les douleurs de son vicaire, qu'après une tranquille agonie, il est passé à un monde meilleur. L'homme terrestre a disparu sans effort, et, sans effort, de sa ruine est sorti, dans son immortelle perfection, l'homme céleste; le fruit était mûr, il est tombé de lui-même.

———

Messieurs, notre pays n'oubliera pas les grands exemples que lui a donnés ce gentilhomme et ce chrétien : des fils dignes de lui garderont son nom avec le respect qu'ils ont pour sa mémoire, et ne laisseront pas périr le magnifique héritage de foi et d'honneur qu'il leur a légué! Il aura, parmi nous, cette immortalité modeste et féconde, que les saintes vies laissent après elles, et, doublement consacré par ses vertus, qu'il rappelle, par notre vénération, son souvenir trouvera des hommes, des chrétiens, dignes de le comprendre, et qui se feront un devoir d'ajouter ce surcroît, sur la terre, à la récompense dont il jouit dans le ciel.

———

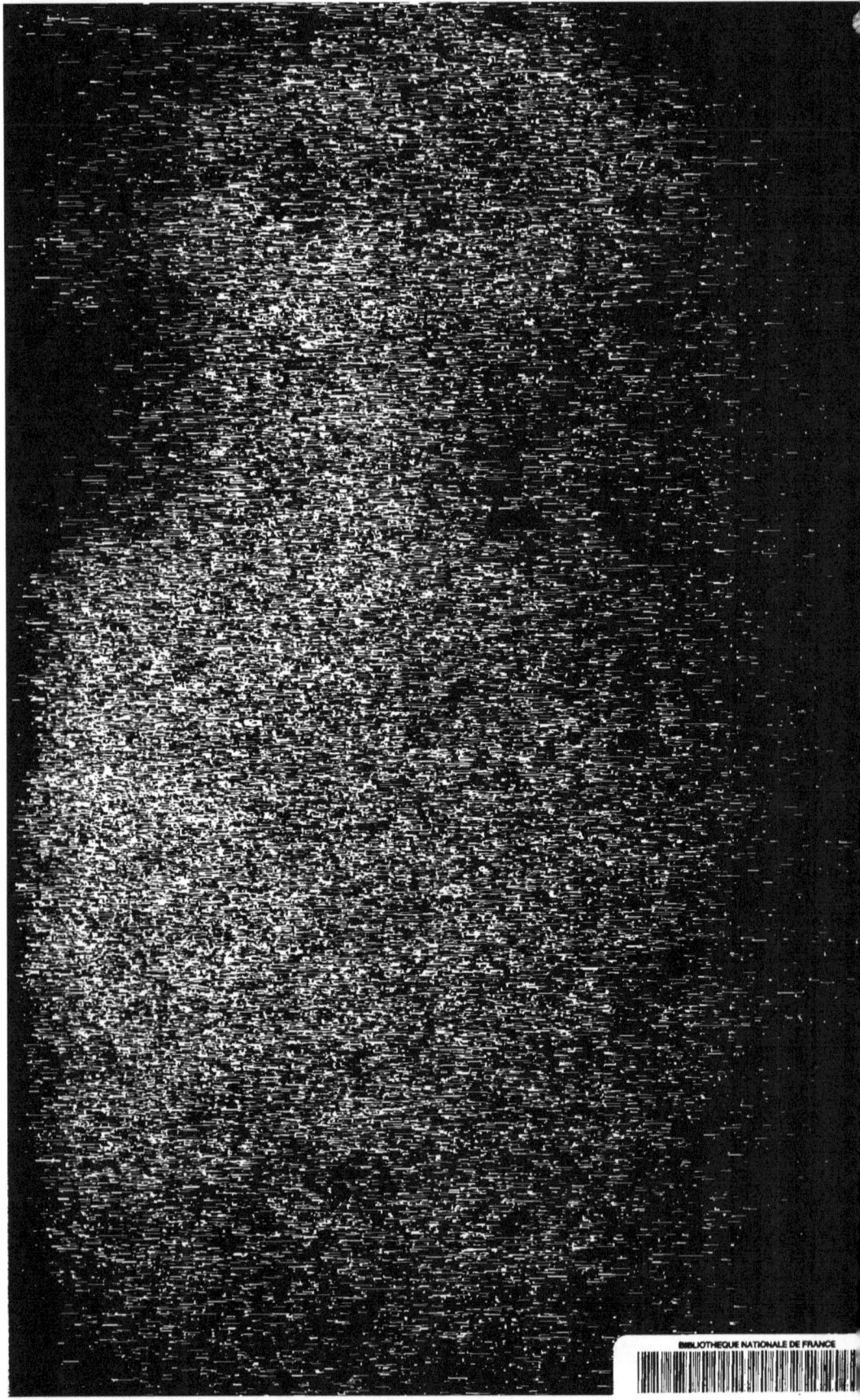

www.ingramcontent.com/pod-product-compliance
Lightning Source LLC
Chambersburg PA
CBHW060448050426
42451CB00014B/3234